KB192796

소그룹 성경 공부 교재

빌립보서

지금까지 나온 옥한흠 다락방 시리즈

옥한흠 다락방 시리즈 21

빌립보서

초판 1쇄 발행 2005년 1월 18일
초판 35쇄 발행 2022년 1월 17일

지은이 옥한흠

펴낸이 오정현
펴낸곳 국제제자훈련원
등록번호 제2013-000170호(2013년 9월 25일)
주소 서울시 서초구 효령로68길 98 (서초동)
전화 02-3489-4300 **팩스** 02-3489-4329
E-mail dmipress@sarang.org

ISBN 978-89-5731-071-1 03230

국제제자훈련원은 건강한 교회를 꿈꾸는 목회의 동반자로서 제자 삼는 사역을 중심으로
성경적 목회 모델을 제시함으로 세계 교회를 섬기는 전문 사역 기관입니다.

옥한흠 다락방 시리즈 21

소그룹 성경 공부 교재

빌립보서

옥한흠 지음

LU 국제제자훈련원

∷ 교재 사용에 대하여 ∷

　　제자훈련의 열매는 훈련된 평신도 지도자들이 사역하는 소그룹(구역, 다락방, 셀, 목장)이라 할 수 있다. 소그룹이란 성도간에 아름다운 사랑의 교제를 나누며, 말씀 안에서 영적으로 성숙해 가도록 서로 돕고, 믿지 않는 사람들을 초청하여 복음을 나누는 소그룹 단위의 공동체이다. 소그룹은 하나님의 말씀에 기초한다. 그러므로 각자의 삶을 드러낼 수 있도록 돕고 변화되어야 할 삶의 목표를 분명하게 제시할 수 있는 좋은 교재가 마련되면 효과적인 소그룹을 운영하는 데 큰 도움을 얻는다. 그러나 분주한 목회자의 입장에서는 직접 교재를 만든다는 것이 그리 쉬운 일이 아니다. 이런 어려움을 해결할 수 있도록 돕기 위해 마련된 것이 "옥한홈 다락방 시리즈"이다.

　　본 시리즈를 사용하는 데 있어 다음의 몇 가지를 참고해 주기 바란다.

1. 이 교재는 소그룹에서 귀납적인 방법으로 성경을 공부하기 위해 만든 것이다. 즉 성경의 가르침을 일방적으로 주입하는 대신 충분한 토의를 통해 구성원들의 생각을 먼저 정리하고 그것을 성경의 가르침과 비교하도록 구성되어 있다. 결코 해답 베껴 쓰기 식의 공부가 되지 않도록 해야 한다. 서툴더라도 자기 인식과 활발한 토의 참여에 의한 생생한 결론이 나올 수 있도록 해야 한다. 따라서 지도자는 소그룹 환경에서 귀납적 방법으로 성경을 공부하는 것이 무엇인지를 반드시 먼저 배워야 한다.

2. 이 교재는 교역자가 매주 소그룹 지도자들을 먼저 예습시킨 다음 사용하게 해야 바람직한 효과를 기대할 수 있다. 소그룹 지도자가 공부할 내용을 충분히 이해하도록 해야 한다. 그냥 교재만 던져 주고 마음대로 사용하게 하는 것은 좋지 않다.

3. 소그룹에 참석하는 자들은 반드시 예습을 하도록 권장해야 한다.

4. 한 과를 공부하는 데에는 한 시간 이상이 필요하다. 그러므로 각 문제에 따라 답만 찾아보고 넘어가야 할 것과 충분한 토의를 통해 진지하게 적용할 것을 잘 구별해서 진행하는 것이 중요하다.

차 례

Chapter _ 01

빌립보교회

빌립보서 1:1, 2; 사도행전 16:6~40

"그리스도 예수의 종 바울과 디모데는 그리스도 예수 안에서 빌립보에 사는 모든 성도와 또는 감독들과 집사들에게 편지하노니 하나님 우리 아버지와 주 예수 그리스도에게로서 은 혜와 평강이 너희에게 있을찌어다"

"성령이 아시아에서 말씀을 전하지 못하게 하시거늘 브루기아와 갈라디아 땅으로 다녀가 무시아 앞에 이르러 비두니아로 가고자 애쓰되…두 사람이 옥에서 나가 루디아의 집에 들 어가서 형제들을 만나보고 위로하고 가니라"

마음의 문을 열며

 아시아에서 선교 활동을 계속하던 바울은 성령의 인도를 받아 유럽으로 발걸음을 돌렸다. 그 때가 주후 52년경이었다. 유럽으로 건너가 제일 먼저 교회를 개척한 도시가 바로 빌립보였다. 짧은 기간의 전도 활동이었지만 그 열매는 대단히 아름다운 것이었다. 바울이 핍박을 피해 빌립보를 떠난 다음에도 어린 교회는 계속 성장하고 있었다. 약 10년 후 바울이 로마 감옥에 수감되어 있다는 소식을 들은 빌립보교회는 성의를 다해 그에게 헌금을 보내었다. 아주 필요할 때 헌금을 받은 바울은 너무 감격하여 빌립보서를 손수 쓰게 되었다. 이 시간에는 빌립보서의 문을 열면서 빌립보교회가 어떻게 설립되었는지를 먼저 살펴보면서 은혜를 받으려고 한다.

말씀의 씨를 뿌리며

1 어느 역사가는 바울을 유럽으로 싣고 간 배가 아시아와 유럽의 운명을 바꾸어 놓았다는 말을 했다. 얼마 후 유럽은 기독교를 받아들이면서 세계 역사를 주도하는 중심이 되었기 때문이다. 바울이 빌립보로 발길을 돌리게 된 사연을 이야기 해 보자. (사도행전 16:6~12)

2 당시 빌립보는 정치 경제 문화 등 모든 면에서 완전히 로마화가 된 도시로서 헬라 문화권에 속한 지역에 복음을 효과적으로 전하는 데 빼 놓을 수 없는 전략적 요충지였다. 성경 지도가 있으면 바울이 빌립보를 찾아 간 경로를 한번 추적해 보라.

3 빌립보에서 바울이 제일 먼저 전도한 사람은 누구인가? 유럽 교회의 첫 회심자가 여성이라는 사실을 놓고 어떤 생각이 드는가? (사도행전 16:13~15 / 참고: 갈라디아 3:28)

4 빌립보교회 개척은 처음부터 큰 값을 치러야 했다. 사도행전 16장 16~24절을 가지고 그 내용을 살펴보자.

5 사탄은 복음을 가지고 나가는 자를 자주 공격한다. 그러나 주님은 사탄의 허를 찔러 하나님의 영광을 드러내신다. 빌립보에서 바로 그런 일이 일어났다. 사도행전 16장 25~34절을 읽고 이 사실을 확인하라.

6 복음 때문에 지금도 고난을 당하는 성도들이 북한을 위시하여 세계 도처에 너무 많다. 때가 되면 하나님께서 그들을 통하여 큰 영광을 받으실 것이라는 확신이 있는가?

7 빌립보교회 첫 회심자들을 보면 다양한 인종으로 구성되어 있는 것을 알 수 있다. 루디아는 아시아인이고 귀신 들린 여종은 헬라인이었다. 그리고 간수는 로마인임에 틀림없다. 우리는 이 사실에서 모든 족속을 구원하시기를 원하신다는 하나님의 뜻을 발견할 수 있다. 이런 사실에 비추어 볼 때 우리는 피부 색깔이 달라도, 혈통이 같지 않아도, 문화가 맞지 않아도 사람을 가리지 말고 복음을 전해야 한다는 것을 알게 된다. 그러나 아직도 우리는 단일 민족임을 자랑스럽게 생각하고 있는 실정이다. 혈통의 순수성을 강조하는 우리의 인식이 '가서 모든 족속으로 제자를 삼으라' 는 예수님의 명령을 온전히 순종하는데 장애가 될 수 있다고 생각하지는 않는가?

8 바울은 빌립보의 모든 성도에게 성부 하나님과 성자 하나님으로부터 임하는 두 가지 축복을 기원하고 있다. 그것이 무엇인가? (1:2)

 삶의 열매를 거두며

은혜가 임하는 심령에 평강이 깃든다. 은혜가 마르면 평강이 떠난다. 이런 이유로 우리는 항상 은혜 받기를 사모해야 한다. 만일 우리 심령이 불안해서 자주 흔들리고 있다면 먼저 은혜의 계기판을 점검해 보아야 할 것이다. 당신은 은혜가 메마를 때 그 사실을 어떻게 점검하는가?

Chapter_ **02**

바울의 감사와 기도

빌립보서 1:3~11

"내가 너희를 생각할 때마다 나의 하나님께 감사하며 간구할 때마다 너희 무리를 위하여 기쁨으로 항상 간구함은 첫날부터 이제까지 복음에서 너희가 교제함을 인함이라 너희 속에 착한 일을 시작하신 이가 그리스도 예수의 날까지 이루실 줄을 우리가 확신하노라 내가 너희 무리를 위하여 이와 같이 생각하는 것이 마땅하니 이는 너희가 내 마음에 있음이며 나의 매임과 복음을 변명함과 확정함에 너희가 다 나와 함께 은혜에 참예한 자가 됨이라 내가 예수 그리스도의 심장으로 너희 무리를 어떻게 사모하는지 하나님이 내 증인이시니라 내가 기도하노라 너희 사랑을 지식과 모든 총명으로 점점 더 풍성하게 하사 너희로 지극히 선한 것을 분별하며 또 진실하여 허물없이 그리스도의 날까지 이르고 예수 그리스도로 말미암아 의의 열매가 가득하여 하나님의 영광과 찬송이 되게 하시기를 구하노라"

마음의 문을 열며

우리는 본문에서 빌립보교회 성도들이 정성껏 보낸 선교 헌금을 앞에 놓고 바울이 얼마나 고마워하며 기뻐하는가를 볼 수 있다. 돈 그 자체보다 거기에 담겨 있는 성도들의 위로와 사랑이 그의 마음을 울렸던 것이다. 그는 즉시 차가운 바닥에 무릎을 꿇고 정성을 다해 그들을 위해 오랜 기도를 드렸다. 물론 한 번 하는 기도가 아니었다. 밤낮으로 그들을 생각할 때마다 드린 기도였다.

1 빌립보교회는 바울이 생각할 때마다 감사해서 그들을 위해 기도를 하지 않으면 안 되는 대상이 되었다. 그리고 그 기도는 독특한 데가 있었다. 3, 4절을 유의해서 보라. 중요한 말 한마디를 찾을 수 있을 것이다.

2 당신이 기도해 주는 사람들이 많을 것이다. 그들 가운데는 할 수 없이 기도해 주는 사람들도 있을 것이고 많은 염려를 안고 기도해 주는 사람들도 있을 것이다. 바울처럼 가슴에 가득한 기쁨을 안고 기도해 주는 사람들이 있으면 어떤 사람인지 말해 보라.

3 바울이 기쁨이 충만해서 빌립보교회를 위해 기도한 이유는 어디에 있는가?
· 5절/

17

4 '복음에서 교제함' 이란 말을 주목하라. 이 말은 복음을 전하는 일에 온 힘을 다해 협력해 주었다는 의미다. 어떻게 빌립보 교인들이 복음에 협력하였는지는 7절에서 더 구체적으로 이야기 하고 있다. 7절 후반부를 쉽게 풀어 쓰면 다음과 같이 말할 수 있다. 내용을 읽고 은혜되는 부분이 있으면 말해 보라.

> "내가 감옥에 있을 때나 밖에 나와서 진리를 수호하고 그리스도를 증거하고 있을 때에도 여러분들은 나와 함께 하나님의 복을 함께 나누어 왔습니다."

5 복음을 전하는 자들이 세상의 구경거리가 되고 감옥에 끌려가 고통을 당하고 있을 때 그들 편에 서서 격려하고 위로하는 일은 절대로 쉬운 일이 아니다. 당신은 그렇게 할 수 있다고 생각하는가? (참고: 빌립보서 4:14; 히브리서 10:32~34)

6 빌립보교회 성도들이 우리를 감동시키는 이유가 또 하나 있다. 그들은 복음에 협력하는 일을 일회성으로 끝내지 않았다는 점이다. 그럼 어떻게 하였다는 말인가? 5절을 다시 보자. (참고: 빌립보서 4:15, 16)

7 복음을 위해서 혹은 교회를 위해서 처음 얼마 동안은 열심을 가지고 헌신하지만 그것이 오래 가지 못하고 중도에 그만 두어 버리는 버릇이 당신에게 없는지 돌아보자.

8 우리는 6절의 말씀을 참 좋아한다. 그리고 많은 경우에 이 말씀을 인용하면서 은혜를 받는다. 그러나 엄밀히 말해 여기서 이야기하는 '착한 일' 은 지금까지 우리가 살펴 본 '복음의 협력' 을 가리키고 있다. 따라서 복음을 위해 값을 치르며 헌신하는 데는 별 관심이 없는 사람이 자신의 개인적인 소원을 성취하기 위해 이 구절을 붙들고 있다면 문제라고 생각하지 않는가?

9 9~11절은 빌립보교회를 위해 드린 바울의 기도 내용이 들어 있다. 너무 간결하게 함축되어 있어서 그 의미를 파악하기 어려운 말씀이다. 먼저 풍성한 사랑을 위해 기도한다. 그러기 위해 지식과 총명을 갖추게 해 달라고 한다. 왜냐하면 무식하거나 감성이 둔하면 진정한 사랑을 할 수 없기 때문이다. 두 번째는 선악을 바로 분별할 수 있기를 기도한다. 그래야만 주님이 재림하실 때 허물없이 설 수 있기 때문이다. 세 번째는 의의 열매가 가득하여 하나님께 영광을 돌릴 수 있기를 기도한다. 열매 없는 신앙 생활은 하나님께 아무런 기쁨이 되지 않기 때문이다. 이 세 가지 가운데 오늘의 한국 교회를 위해 가장 절실한 기도가 무엇이라고 생각하는가? 왜 그렇게 생각하는지 말하라.

 ## 삶의 열매를 거두며

바울의 기도를 보면서 당신 자신이 그동안 소홀히 했던 기도가 무엇이라고 생각하는가? 우리는 진짜 큰 기도, 진짜 하나님이 원하시는 기도는 뒷전으로 미뤄두고 너무 하찮은 기도, 너무 이기적인 기도에만 매달리는 버릇이 없지 않다. 솔직히 말해서 바울이 기도한 그런 내용으로는 지금까지 한 번도 기도해 보지 못한 사람들도 우리 가운데는 상당히 많다고 본다. 당신의 경우를 가지고 솔직하게 이야기 해보자.

Chapter 03

최악의 상황을 최선의 것으로 보는 기쁨

빌립보서 1:12~19

"형제들아 나의 당한 일이 도리어 복음의 진보가 된 줄을 너희가 알기를 원하노라 이러므로 나의 매임이 그리스도 안에서 온 시위대 안과 기타 모든 사람에게 나타났으니 형제 중 다수가 나의 매임을 인하여 주 안에서 신뢰하므로 겁 없이 하나님의 말씀을 더욱 담대히 말하게 되었느니라 어떤이들은 투기와 분쟁으로, 어떤이들은 착한 뜻으로 그리스도를 전파하나니 이들은 내가 복음을 변명하기 위하여 세우심을 받은줄 알고 사랑으로 하나 저들은 나의 매임에 괴로움을 더하게 할 줄로 생각하여 순전치 못하게 다툼으로 그리스도를 전파하느니라 그러면 무엇이뇨 외모로 하나 참으로 하나 무슨 방도로 하든지 전파되는 것은 그리스도니 이로써 내가 기뻐하고 또한 기뻐하리라 이것이 너희 간구와 예수 그리스도의 성령의 도우심으로 내 구원에 이르게 할줄 아는고로"

마음의 문을 열며

　이 시간 우리는 위대한 사도, 바울에게서 매우 놀랍고 충격적인 사실을 보게 된다. 그는 지금 어느 면으로 보아도 최악의 상황에 처해 있다. 그럼에도 그는 그렇게 보지 않는다는 것이다. 오히려 모든 것이 더 잘 되고 있는 것으로 보고 기쁨을 감추지 못하고 있다. 이런 사람은 감옥도, 쇠사슬도, 가난도 꺾을 수 없다는 것을 보게 된다. 절망적인 상황을 긍정적인 눈으로 보면서 기뻐하는 삶, 그 비결이 어디에 있는 것일까?

말씀의 씨를 뿌리며

1 누가 보아도 바울의 로마행은 실패라고 할 수 밖에 없었다. 복음을 전하러 간 사람이 감옥에 갇혀 있는 데다 자기에게 힘이 되어 주리라 생각했던 로마교회 성도들마저 편이 갈려 서로 갈등하고 있었다. 그럼에도 바울은 이런 상황을 놓고 무엇이라고 하는가?

• 12절/

2 바울도 인간인지라 처음 얼마 동안은 고민도 하고 낙심도 했을 것이다. 그러나 기도하는 중에 그는 하나님의 뜻을 바꾸기보다 자신의 생각을 바꾸어야 한다는 것을 깨달았다. 다시 말하면 하나님의 입장에서 현실을 해석하기로 한 것이다. 그랬더니 감옥에 앉아 있는 자신의 처지가 복음의 장애가 되는 것이 아니라 복음을 더 효과적으로 전할 수 있는 방편이 된다는 것을 알게 되었다. 그래서 그는 복음의 '진보'라는 군사 용어를 사용하고 있다. '진보'란 말은 보병의 진격에 앞서 포병 부대를 동원해서 집중 포격을 가해 길을 터주는 것을 의미한다. 우리 역시 세상을 살면서 '복음의 장애'라는 부정적인 생각을 '복음의 진보'라는 긍정적인 생각으로 전환시켜야 할 때가 종종 있다. 예를 하나 들어 보자.

3 우리가 배워야 할 중요한 교훈은 바울처럼 예수 안에서는 무엇이나 긍정적으로 볼 수 있어야 한다는 점이다. 눈앞에 버티고 있는 답답한 현실을 놓고 부정적으로 생각하거나 낙심하지 말아야 한다

는 것이다. 이것은 절대로 쉬운 일이 아니다. 그러나 반드시 배우고 실천해야 한다. 왜 그런지 다음 말씀들을 보면서 답하라.

- 예레미야 32:27/

- 로마서 8:28/

- 고린도전서 1:25/

4 눈앞에 보이는 어려운 상황을 믿음으로 해석하지 못하고 눈에 보이는 대로 판단하다가 나중에 하나님 앞에 부끄러움을 느낀 일이 없는가? 지나고 보니 하나님께서 모든 것이 합력하여 선을 이루도록 해 주셨는데 믿음이 부족해서 성급하게 원망하고 좌절했던 경우를 생각해 보라.

5 14~17절을 주의해서 보라. 감옥에 갇혀 있는 바울 때문에 자극을 받은 두 그룹의 성도들이 각각 다른 동기를 가지고 복음을 전하고 있다. 바울을 지지하는 자들의 동기는 무엇이며 반대하는 자들의 동기는 무엇인가?

6 우리 주변을 돌아보면 지금도 좋지 못한 동기를 가지고 복음을 전하는 사람들이 있다. 이 같은 예로는 한 교회에서 편이 갈려 싸우던 성도들이 각기 다른 교회를 개척하고 경쟁적으로 상대를 비난하면서 전도하는 경우를 들 수 있다. 이런 경우에도 복음만 증거 되면 괜찮은 것일까?

....

....

....

7 18절을 쉬운 말로 다시 정리해 보라. 그리고 '기뻐하고 또한 기뻐한다'고 하면서 흡족해 하는 바울을 보면서 당신은 어떤 도전을 받는가?

....

....

....

8 바울은 사람들이 예수 그리스도를 알고 구원을 받을 수 있다면 자신은 어떤 대우를 받아도 좋다는 생각을 하고 있는 것이 틀림없다. 사람들이 자신을 지지하든, 배척하든 그런 것은 다 하찮은 것에 지나지 않는 것으로 여겼다. 이것이야 말로 예수의 제자라고 하는 우리가 배우고 본받아야 할 태도가 아닐까? 왜냐하면 우리는 복음을 전할 때 흔히 그리스도 중심이기보다 내 체면, 내 기분을 앞세우기 때문이다. 당신은 어떠한가?

....

....

....

....

 삶의 열매를 거두며

19절을 보라. 쉽게 풀어 쓰면 이렇게 말할 수 있다. "나를 위해 끊임없이 중보의 기도를 해 주는 너희들이 있고 변함없이 나를 도와주시는 성령이 계시는 이상 나는 절대로 망하지 않을 것을 잘 알고 있다." 빌립보 교인들의 끊임없는 기도가 바울을 이렇게 강한 자로 만들었던 것이다. 선교사들을 위한 기도가 이렇게 중요한 데 당신은 어떠한가? 기도를 통해 얼마나 선교에 동참하고 있는가? 그리고 지속적으로 기도해 주고 있는 선교사들의 이름을 다시 정리하라.

Chapter _ **04**

바울의 간절한 기대와 소망

빌립보서 1:20~26

"나의 간절한 기대와 소망을 따라 아무 일에든지 부끄럽지 아니하고 오직 전과 같이 이제
도 온전히 담대하여 살든지 죽든지 내 몸에서 그리스도가 존귀히 되게 하려 하나니 이는
내게 사는 것이 그리스도니 죽는 것도 유익함이니라 그러나 만일 육신으로 사는 이것이 내
일의 열매일찐대 무엇을 가릴는지 나는 알지 못하노라 내가 그 두 사이에 끼였으니 떠나서
그리스도와 함께 있을 욕망을 가진 이것이 더욱 좋으나 그러나 내가 육신에 거하는 것이
너희를 위하여 더 유익하리라 내가 살 것과 너희 믿음의 진보와 기쁨을 위하여 너희 무리
와 함께 거할 이것을 확실히 아노니 내가 다시 너희와 같이 있음으로 그리스도 예수 안에
서 너희 자랑이 나를 인하여 풍성하게 하려 함이라"

마음의 문을 열며

　이 시간 우리가 펴 놓은 본문은 바울이 남모르게 가지고 있던 내적인 불안과 그의 간절한 기대가 무엇이었는가를 이야기하고 있다. 감옥에 수감되어 재판을 기다리는 그의 미래는 매우 불투명했다. 어떻게 보면 무죄로 출감할 것 같았고 어떻게 보면 살아서 나가지 못 할 것 같이 보였다. 바울이 불안한 마음을 안고 열심히 기도하고 있었지만 주님은 이상하게 침묵하고 계셨다. 이 시간 우리는 위대한 사도가 생사의 기로에서 무엇을 생각하고 무엇을 소원하고 있었는가를 보면서 그의 처지에 우리 자신을 놓고 함께 은혜를 받았으면 한다.

말씀의 씨를 뿌리며

1 생사를 가늠하기 어려운 불안한 상황에서 바울이 간절히 소망한 것이 무엇인지 두 가지를 말하라. '부끄럽지 아니하고' 라는 말은 '부끄러움을 당하지 아니하고' 라는 의미로 보아야 한다.

• 20절/

2 바울은 평생 자신이 하나님의 뜻으로 예수 그리스도의 사도가 되었다는 확신을 가지고 살았다.(에베소서 1:1) 이것은 그의 자존심이요, 특권이요, 기쁨이었다. 그리고 부끄럽지 않게 복음을 증거하다 죽기를 원했다.(사도행전 20:24) 그러나 예측할 수 없는 내일을 앞에 두고 한 가지 걱정이 생겼다. 자기도 연약함을 가지고 있는 인간인지라 사도답게 당당하게 끝마무리를 하지 못하면 어쩌나 하는 것이었다. 그렇게 되면 주님의 이름을 욕되게 하는 부끄러운 일이 될 수 있기 때문이다. 바울이 잘못하면 부끄러움을 당할 수 있다고 생각되는 몇 가지를 적어 보았다. 그 가운데서 당신이 보기에 바울이 절대 해서는 안 된다고 생각되는 것을 두 가지만 지적하고 왜 그런지 이유를 설명하라.

1) 죽음이 두려워 떨고 있다.
2) 재판관 앞에서 살려 달라고 하소연 한다.
3) 뇌물을 가지고 구명 운동을 한다.
4) 로마에 선교하러 온 것을 후회한다.
5) 사형을 받지 않게 해 달라고 모든 교회에 특별 기도를 부탁한다.
6) 자신을 비판하고 돕지 않는 로마교회 성도들을 원망하며 나무란다.
7) 너무 신경이 과민해서 불면증에 시달린다.

3 우리는 하나님의 자녀라는 영광과 특권을 가진 신분이다. 천국을 소망하고 사는 자들이다. 그러므로 세상 사람들로부터 비웃음을 당할 부끄러운 언동을 하면 안 될 것이다. 당신에게는 어떤 것이 가장 부끄러운 일이 될 수 있다고 보는가? (참고: 시편 71:1; 에스라 9:1~6)

....

....

4 20절을 다시 보라. "살든지 죽든지 내 몸에서 그리스도가 존귀히 되게 하려 하나니". 이 말씀의 의미를 생각해 보라. (참고: 로마서 12:1; 고린도전서 6:20)

....

....

5 21절을 보라. "내게 사는 것이 그리스도"라는 말씀은 바울에게 있어서 그리스도와 자기 생명은 하나라는 의미를 담고 있다. 삶의 보람, 기쁨, 능력, 목적은 오직 예수 그리스도 때문에 누리는 것이었다. 따라서 그리스도가 빠지면 그의 생명은 공허한 것에 지나지 않았다. 그리스도만 있으면 살아도 좋고 죽어도 손해 될 것이 없다는 확신을 가지고 있었다. 당신에게 확신이 있는가? (참고: 로마서 14:7, 8; 갈라디아서 2:20)

....

....

....

6 만일 "사는 것이 그리스도니"에서 그리스도 대신에 돈, 쾌락, 명예, 권세 같은 것을 넣으면 어떻게 될까? 우리 주변을 돌아보면 '사는 것이 돈이다' 라는 식으로 세상을 살고 있는 사람들이 너무

많지 않은가? 이런 사람들은 바울처럼 "죽는 것도 유익함이니라"는 말은 절대 할 수 없을 것이다. 왜 그런가? (시편 39:5, 6)

7 바울은 삶과 죽음의 기로에서 무엇을 고민하고 있는가?

• 22~24절/

8 사는 것보다 죽어서 그리스도와 함께 있기를 더 원한다는 그의 말이 믿어 지는가? 믿어 진다면 그 이유가 무엇인가? 만일 다른 사람이 같은 말을 한다면 믿을 수 있겠는가?

9 바울은 자신이 죽지 않고 세상에 더 오래 살아야 할 이유가 있다고 했다. 그것이 무엇인가?

• 25, 26절/

 삶의 열매를 거두며

성경은 우리에게 염세주의를 가르치지 않는다. 아무리 천국이 황홀한 곳이라 해도 그것 때문에 날마다 빨리 죽었으면 하는 생각을 가져서는 안 된다. 하나님이 우리를 세상에 보내신 목적이 있다. 이것 때문에 우리는 열심히 살아야 한다. 바울처럼 고생스러워도 날마다 살아야 할 분명한 이유를 찾아 도전해야 한다. 당신이 살아야 할 이유를 구체적으로 말해 보라. 그리고 그 내용을 가지고 하나님께 기도하라.

Chapter _ **05**

복음에 합당하게 살라

빌립보서 1:27~30

"오직 너희는 그리스도 복음에 합당하게 생활하라 이는 내가 너희를 가보나 떠나 있으나 너희가 일심으로 서서 한 뜻으로 복음의 신앙을 위하여 협력하는 것과 아무 일에든지 대적하는 자를 인하여 두려워하지 아니하는 이 일을 듣고자 함이라 이것이 저희에게는 멸망의 빙거요 너희에게는 구원의 빙거니 이는 하나님께로부터 난 것이니라 그리스도를 위하여 너희에게 은혜를 주신 것은 다만 그를 믿을뿐 아니라 또한 그를 위하여 고난도 받게 하심이라 너희에게도 같은 싸움이 있으니 너희가 내 안에서 본 바요 이제도 내 안에서 듣는 바니라"

마음의 문을 열며

우리가 일단 값없이 하나님의 은혜로 구원을 받게 되면 그때부터 우리는 그 소중한 구원을 지키고 구원을 주신 하나님의 뜻에 순종하는 삶을 살아야 한다. 바울은 이것을 '복음에 합당한 삶'이라고 부른다. 그러므로 신앙 생활은 놀이 터에서 노는 것이 아니라 전쟁터에서 생명을 걸고 싸우는 것과 같다. 우리는 복음을 전하는 증인이다. 우리는 믿음을 방어하는 십자가의 군병이다. 우리는 우리 자신이 그리스도의 복음 그 자체인 것처럼 말하고 행동해야 한다. 바울은 빌립보 교인들에게 이런 삶을 간곡하게 당부하고 있다. 주님은 오늘을 살고 있는 우리에게도 같은 요구를 하고 계신다는 것을 배우도록 하자.

말씀의 씨를 뿌리며

1 바울이 감옥에서 마치 유언을 하듯이 간곡하게 당부하고 있는 것은 무엇인가?
  • 27절/

2 다시 27절을 보자. 바울은 '복음에 합당한 삶'을 막연하게 말하지 않는다. 특별히 두 가지를 언급하고 있는데 그 가운데 한 가지가 무엇인가?

3 불행하게도 빌립보교회 안에는 분쟁으로 인한 갈등이 있었다. 사탄이 복음을 방해하기 위해 즐겨 사용하는 무기는 교회 안에서 다툼과 분열을 일으키는 것이다. 그래서 복음의 능력과 성도의 사랑을 다 쏟아 버리게 만든다. 결국은 '갈라놓고 정복하라'는 사탄의 전략이 먹혀들게 되는 것이다. 이런 비참한 일들이 일어난 교회를 본 일이 있으면 한 가지만 예를 들어 보라.

4 '복음에 합당한 삶'을 살기 위해 실천해야 할 두 번째 덕목은 무엇인가?
  • 28절/

5 신앙 생활을 제대로 하기 위해서는 영적 전투를 피하면 안 된다. 신앙 생활은 전투가 끝나고 즐기는 축제가 아니다. 승리자 되신 그리스도께서 이 세상을 복음으로 정복하기 위해서는 아직도 많은 전투가 남아 있다. 우리는 이 전투에 부름 받은 전사들이다. 그러므로 우리를 대적하는 자들을 두려워하지 말아야 한다. 두려워서 피하는 것은 곧 패배를 의미하기 때문이다. 당신은 신앙 생활에서 영적 전투를 잘 하고 있는가? 그리고 그 전투를 치르면서 받는 은혜가 많을 것이다. 서로 나누어 보자.

....

....

....

6 28절 후반부를 다시 보라. 두려워하지 않고 선한 싸움을 당당하게 싸우는 우리의 행동이 세상 사람들에게는 무엇이 되며 우리들에게는 무엇이 된다고 하는가? '빙거' 라는 말은 증거 혹은 표시라는 의미를 가지고 있다.

....

....

....

7 바울의 말대로 한다면 우리가 구원 받은 자인지 아닌지를 증명하려면 날마다 믿음을 지키고 하나님께 영광을 돌리기 위해 열심히 선한 싸움에 임한다는 증거가 있어야 한다. 그렇지 않으면 구원의 확신을 가지기가 어렵다는 것이다. 당신에게 이런 증거가 얼마나 있는가? (참고: 마태복음 7:15~23)

....

....

....

8 영적 전투는 종종 무서운 고난을 통과하지 않으면 안 될 때가 있다. 바울은 이런 고난이 하나님의 자녀에게는 아주 당연한 것처럼 말하고 있다. 왜 그런가?

• 29절/

9 빌립보 교인들은 예수를 믿는 순간부터 고난을 각오하지 않으면 안 되었다. 그 이유가 어디에 있었는가? (사도행전 16:19 이하)

• 30절/

삶의 열매를 거두며

하나님이 우리에게 값없이 구원의 은혜를 주신 것은 영생의 축복과 함께 고난의 대가도 치르도록 하기 위해서다. 그러나 우리들 대부분은 고난에 대해 거부 반응을 가지고 있다. 예수 믿는 것은 곧 복을 받는 것이라는 공식을 은근히 좋아하는 사람들은 고난을 복으로 보지 않는다. 만일 우리가 빌립보 교인들이나 오늘의 북한에 있는 성도들처럼 혹독한 핍박을 견뎌야 한다면 교회에 남아 있을 사람이 얼마나 될까? 다음 성구들을 묵상하면서 고난에 대해 잘못된 시각을 가지고 있지 않은지 자신을 돌아보도록 하자.

• 로마서 8:17, 18/

• 베드로전서 5:8~10/

Chapter _ 06

한 마음 한 뜻 만들기

빌립보서 2:1~4

"그러므로 그리스도 안에 무슨 권면이나 사랑에 무슨 위로나 성령의 무슨 교제나 긍휼이나 자비가 있거든 마음을 같이 하여 같은 사랑을 가지고 뜻을 합하며 한 마음을 품어 아무 일에든지 다툼이나 허영으로 하지 말고 오직 겸손한 마음으로 각각 자기보다 남을 낫게 여기고 각각 자기 일을 돌아볼 뿐더러 또한 각각 다른 사람들의 일을 돌아보아 나의 기쁨을 충만케 하라"

마음의 문을 열며

　에바브로디도가 빌립보교회에서 가지고 온 소식 가운데는 여러 가지 좋은 내용도 있었지만 그렇지 못한 것도 있었다. 그 가운데 하나가 두 여인을 중심으로 성도들 사이에 분쟁이 생기고 있다는 것이었다. 교회 안에서 편이 갈려 서로 불편한 관계가 되면 그것은 마치 항아리에 금이 가는 현상과 흡사한 일이 일어난다. 그런 교회는 받은 은혜가 언제 새어 나갔는지 모르게 은혜를 다 쏟아 버리게 된다. 그래서 나중에는 영양실조에 걸리게 된다. 마귀가 교회를 공격할 때마다 분쟁이라는 무기를 즐겨 사용하는 이유가 여기에 있는 것이다. 이 시간에는 교회 안에서 서로 분쟁하게 만드는 마귀의 공격을 어떻게 막을 수 있는지 그 비결을 배우도록 하자.

말씀의 씨를 뿌리며

1 교회 안에서 성도들끼리 할 수 있는 선한 일들이 많이 있다. 그 가운데서 아주 기본적인 것이라 할 수 있는 것이 네 가지 있는데 무 엇인지 말하라.

· 1절/

2 권면이라는 것은 서로 세워주고 격려하는 것을 의미한다. '위 로'는 상처를 받았거나 고통 중에 있는 자를 선한 말로 싸매 주는 것을 말한다. 우리는 모두가 그리스도의 몸을 이루는 지체이기 때 문에 서로 권면하고 위로하면서 살아야 한다. 근래에 와서 형제(자 매)들의 권면이나 위로를 받고 힘을 얻은 경험이 있으면 말해 보자.

3 성령의 교제에 대해 이야기 해 보자. 교회 안에서 우리 모두는 성령을 모시고 사는 거룩한 전이다. 성령은 서로를 하나 되게 하시 며 서로 교제하게 하신다. 때문에 교회는 혼자 기도하고 묵상하는 수도원이 아니다. 당신은 교회 안에서 어떻게 성령의 교제를 나누 며 신앙 생활을 하고 있는가? (참고: 사도행전 2:46; 시편 133:1~3)

4 긍휼과 자비는 병들거나 가난한 형제를 특별한 관심을 가지고 돌보는 것을 말한다. 긍휼을 베풀기 위해 남모르게 당신이 꾸준히 실천하고 있는 일이 있는가? 그 일을 하면서 받은 은혜를 나누어 보라.

....

....

....

5 우리가 교회 안에서 선한 일을 할 때 매우 조심해야 할 것이 하나 있다. 3절 중간을 보라. 그것이 무엇인가?

....

....

....

6 교회 안에서 일어나는 분쟁들은 대부분 어떤 악한 일을 하다가 생기는 경우는 드물다. 모두가 일을 잘 해 보려다 일어나는 경우다. 유오디아와 순두게(4:2), 이 두 여인도 아마 감옥에 있는 바울을 어떻게 도울 것인가를 놓고 서로 자기 주장을 강하게 내세우다 틀어졌는지 모른다. 다음에 열거된 항목 가운데서 분쟁의 소지를 가장 많이 안고 있다고 생각되는 것을 표하고 그 이유를 말해 보라.

- 너무 의욕이 지나쳐서   • 이상주의에 빠져서
- 사람보다 일을 앞세우다   • 개인적인 야심이 깔려 있어서
- 경쟁 의식 때문에   • 교만해서

7 분쟁을 예방하기 위해 가장 중요한 것은 한마음을 가지는 것이다. 2절을 자세히 보라. 네 가지 전부가 한마음을 강조하기 위해 말을 바꾸면서 반복하고 있다고 생각되지 않는가?

....

....

....

8 한마음으로 주의 일을 하려면 겸손의 덕을 갖추어야 한다. 어떻게 해야 겸손할 수 있는지 4, 5절을 가지고 '각각' 이라는 말이 붙은 내용을 중심으로 세 가지를 찾아보라.

9 이 세 가지 가운데서 가장 실천하기 힘들다고 생각되는 것은 무엇인가? 그리고 그 이유가 어디에 있다고 생각하는가?

 삶의 열매를 거두며

바울은 빌립보 교인들이 아무리 선한 일을 많이 해도 서로 하나 되지 못하면 기뻐할 수 없다고 말한다. 모두가 한마음이 되어 선한 일을 힘쓰는 것을 볼 때 정말 기뻐할 수 있다고 한다. 4절 끝을 보라. 이것은 바울이 예수님의 심정을 대변하여 하는 말이다. 그 동안 우리가 교회에서 많은 일을 열심히 하였지만 한마음으로 하지 못해 주님을 기쁘시게 하지 못한 경우가 더러 있었을 것이다. 이 점에 대해 자신의 생각을 말해 보자. 그리고 앞으로 조금 더 주님을 기쁘시게 하기 위해 한마음으로 선한 일에 힘쓸 것을 결심하면서 함께 기도하는 시간을 가지자.

Chapter_ **07**

예수님의 마음

빌립보서 2:5~11

"너희 안에 이 마음을 품으라 곧 그리스도 예수의 마음이니 그는 근본 하나님의 본체시나 하나님과 동등됨을 취할 것으로 여기지 아니하시고 오히려 자기를 비어 종의 형체를 가져 사람들과 같이 되었고 사람의 모양으로 나타나셨으매 자기를 낮추시고 죽기까지 복종하셨으니 곧 십자가에 죽으심이라 이러므로 하나님이 그를 지극히 높여 모든 이름 위에 뛰어난 이름을 주사 하늘에 있는 자들과 땅에 있는 자들과 땅 아래 있는 자들로 모든 무릎을 예수의 이름에 꿇게 하시고 모든 입으로 예수 그리스도를 주라 시인하여 하나님 아버지께 영광을 돌리게 하셨느니라"

마음의 문을 열며

　　바울은 한 마음을 가지고 주의 일을 힘쓰는 자들이 되라고 교훈하면서 놀라운 진리를 언급하고 있다. 예수님의 마음에 관한 것이다. 예수님이 세상에서 어떤 마음가짐을 가지고 하나님께 순종하셨는가를 주목하라는 것이다. 그러면 우리 모두가 예수님을 겸손의 모범으로, 섬김의 모범으로, 순종의 모범으로 삼고 선한 일에 힘쓰는 자가 될 수 있다는 것이다. 예수님의 마음을 가지고 신앙 생활을 하는 자가 바로 예수의 제자요, 작은 그리스도가 될 수 있다는 것이다. 이것은 우리가 실천하기에 대단히 어려운 말씀이다. 그렇다고 도망갈 수도 없는 명령이다. 성령의 도우심을 간절히 구하면서 공부하도록 하자.

말씀의 씨를 뿌리며

1 5절의 말씀을 여러 번 반복해서 외우고 묵상하라. 무엇보다 '너희' 대신에 '너' 라는 말로 바꾸고 암기해 보라. 그리고 깨달은 것을 말해 보라.

....

....

....

2 예수님은 본래 어떤 분이신가? (참고: 요한복음 1:1~4; 골로새서 1:15; 히브리서 1:1~3)

• 6절/...

....

....

....

3 마음이라는 말은 생각과 행동을 유발하는 내면의 의식을 가리킨다. 6절을 다시 보라. 예수님은 어떤 생각을 하고 계셨는가?

....

....

....

4 그리고 자신의 생각에 따라 예수님이 행동으로 옮기신 세 가지는 무엇인가?

• 7, 8절/..

....

....

5 예수님이 하늘에서 땅으로, 영광에서 부끄러움으로, 주 되심에서 종 되심으로, 생명에서 죽음으로 자기를 비우고, 낮추고, 순종하신 목적이 어디에 있는가? 마태복음 20장 28절의 말씀을 가지고 대답하라.

....

....

....

6 이와 같은 예수님의 생각과 행동을 우리의 모범으로 삼을 수 있다고 생각하는가? 그 표준이 너무 높아서 아무도 그를 따를 수 없다고 생각하지는 않는가? 그런데 하나님은 왜 이런 표준을 우리에게 요구하시는 것일까?

....

....

....

7 우리가 예수님의 마음을 갖는 자가 되기 위해서는 무엇보다 구원의 은혜에 대한 깊은 감격이 있어야 한다. 나 같은 죄인을 구원하시려고 하나님의 아들이 얼마나 비천한 자리까지 낮아 지셨고 얼마나 엄청난 값을 대신 치르셨는가를 가슴이 저리도록 깨닫게 되면 그 순간부터 예수님의 마음이 우리 안에 조금씩 자리를 잡아가기 시작하는 것을 체험하게 될 것이다. 당신에게 이런 은혜가 있는가?

....

....

....

8 우리가 예수님의 마음을 소유하기 위해서 또 한 가지 명심해야 할 것이 있다. 그것은 날마다 예수님을 닮기 위해 그를 배우며 순종하려고 최선을 다하는 것이다. 다시 말해 예수님처럼 되고 예수님처럼 살고자 하는 뜨거운 갈망을 가지고 신앙 생활을 하는 것이다.

성령은 이런 자를 기꺼이 도와주신다. 당신에게 이런 갈망이 있는가? 그 갈망이 얼마나 뜨거운가? (히브리서 12:2, 3)

....

....

....

9 하나님은 낮은 자리에서 우리를 섬기다 희생을 당하신 예수님을 어떻게 높이셨는가? 9~11절을 가지고 그 내용을 쉬운 말로 설명해 보라.

....

....

....

 삶의 열매를 거두며

예수님을 보면 베드로전서 5장 6절의 말씀이 하나님의 거짓 없는 약속임을 알 수 있다. 장차 하나님이 우리를 높여 주시는 그 날이 있다는 믿음과 소망을 가진 사람은 교회 안에서 주님의 마음을 가지고 다른 형제(자매)들을 섬길 수 있다. 예수님이 부끄러운 십자가 너머에서 기다리는 영광을 주목하셨던 것처럼 하나님이 높여 주시는 그날의 영광에 우리의 눈을 고정 시키고 사는 사람은 예수님처럼 낮아지고 섬기고 죽을 수 있다. 당신은 이 말에 동의하는가? 그렇다면 지금 당장 실천하고 싶은 일이 무엇인지 말하라.

Chapter _ **08**

너희 구원을 이루라

빌립보서 2:12~18

"그러므로 나의 사랑하는 자들아 너희가 나 있을 때 뿐아니라 더욱 지금 나 없을 때에도 항상 복종하여 두렵고 떨림으로 너희 구원을 이루라 너희 안에서 행하시는 이는 하나님이 시니 자기의 기쁘신 뜻을 위하여 너희로 소원을 두고 행하게 하시나니 모든 일을 원망과 시비가 없이 하라 이는 너희가 흠이 없고 순전하여 어그러지고 거스리는 세대 가운데서 하 나님의 흠 없는 자녀로 세상에서 그들 가운데 빛들로 나타내며 생명의 말씀을 밝혀 나의 달음질도 헛되지 아니하고 수고도 헛되지 아니함으로 그리스도의 날에 나로 자랑할 것이 있게 하려 함이라 만일 너희 믿음의 제물과 봉사 위에 내가 나를 관제로 드릴찌라도 나는 기뻐하고 너희 무리와 함께 기뻐하리니 이와 같이 너희도 기뻐하고 나와 함께 기뻐하라"

마음의 문을 열며

세상에서 우리를 불러내어 자녀 삼으신 하나님께서는 우리를 구원하신 그것
으로 만족하지 않으신다. 예수의 피로 구속함을 받은 거룩한 자들이기 때문에
하나님은 우리에게 높은 수준의 삶을 요구하고 계신다. 빌립보 교인들은 예수
님의 마음을 가지고 서로 섬기는 자가 되어야 했다. 그러나 그 자리에 머물러
있으면 안 되었다. 두렵고 떨림으로 각자 자신의 구원을 이루는 단계까지 나아
가야 했다. 이 시간에는 구원을 이룬다는 말씀이 무엇을 의미하는지를 살펴보
면서 우리 자신의 모습을 돌아보았으면 한다.

말씀의 씨를 뿌리며

1 12절을 보라. 빌립보 교인들에게 바울이 강력하게 명령한 것은 무엇인가?

....

....

2 '구원을 이루라' 는 말은 구원이 우리 안에서 충분히, 최종적으로 완성되기까지 전진하라는 의미를 가지고 있다. 이 말씀은 마치 구원을 우리 힘으로 얻는 것 같은 느낌을 가지게 한다. 당신의 생각을 말해 보라.

....

....

3 구원은 전적으로 하나님의 은혜에 의해 주어지는 것이다. 우리가 노력하거나 공로를 세워서 얻는 무엇이 아니다. 오직 예수 그리스도를 믿음으로 구원을 얻는다. 그러나 믿음으로 얻은 구원을 온전히 누리기 위해서는 세상에 살 동안 하나님의 요구에 우리가 협력해야 한다. 병을 고치는 자는 의사지만 낫고 싶으면 환자가 의사에게 적극 협력해야 하는 것과 같다. 그렇게 하기 위해 우리가 항상 지녀야 할 삶의 태도는 무엇인가? (참고: 베드로후서 1:10, 11)

 • 12절/

....

....

4 혹시 '구원 인플레이션' 이라는 말을 들어 본 일이 있는가? 지금 한국 교회 안에서 무서운 속도로 퍼지고 있는 전염병이다. 예수

를 믿기만 하면 누구든지 구원을 받을 수 있다는 식으로 복음을 자기 좋은 대로 해석하여, 믿는 자 다운 삶의 열매를 찾아보기 어려움에도 불구하고 자기는 믿으니까 구원 받았다고 큰소리치는 사람들이 늘어나는 현상을 가리키는 말이다. 이런 사람들이 얼마나 구원의 은혜를 오해하고 있는가를 다음 성구를 가지고 이야기 해보라.

• 마태복음 7:21/

• 야고보서 2:14/

5 믿음으로 구원을 받은 은혜를 아는 사람은 두렵고 떨리는 마음으로 주님의 말씀에 순종하지 않을 수 없다. 13절을 보면 두 가지 이유가 나온다. 하나는 우리 안에서 하나님이 행하시기 때문이고, 다른 하나는 그 하나님이 우리 마음에서 말씀에 순종하고자 하는 간절한 소원을 우리에게 일으키고 계시기 때문이다. 이런 은혜를 누리는 자가 어떻게 '나는 믿으니까 어떻게 살든 상관없다' 는 식으로 신앙 생활을 할 수 있겠는가? 당신에게 이와 같은 확실한 내적인 증거가 있는가?

6 하나님의 기쁘신 뜻에 절대 순종하고자 하는 소원을 가진 사람이라면 교회 안에서 절대로 이런 사람이 되어서는 안 된다. 어떤 사람인가?

• 14절/

7 하나님께 순종함으로 자신의 구원을 완성하고자 하는 사람은 그의 인격과 삶이 세상에서 어떠해야 하는가?(참고: 에베소서 5:8, 9)

• 15절/

8 16절을 보라. 구원을 완성하기 원하는 사람은 자신이 성자가 되는 것으로 만족해서는 안 된다. 한 걸음 더 나아가 '생명의 말씀을 밝히는 데' 헌신해야 한다. 다시 말하면 선교의 사명을 가지고 살아야 한다. 만일 빌립보교회가 그렇게 하면 바울은 두 가지 사실을 기대할 수 있을 것이라고 말한다. 그것이 무엇인가?

9 17절의 말씀을 주의 깊게 읽으라. 빌립보교회를 향한 바울의 심령이 얼마나 뜨거운가를 엿볼 수 있다. 바울은 빌립보 교인들의 '믿음과 섬김'을 하나님께 드리는 제사로 보고 있다. 다시 말하면 두려워 떠는 마음으로 항상 복종하여 세상에서 빛 된 삶을 살며 선교의 사명에 힘쓰는 빌립보 교인들의 삶은 날마다 하나님께 올려 드리는 제사라는 것이다. 구약에서 희생 제물을 드릴 때에는 포도 주를 그 제물 위에 부었다. 이것을 관제라고 부른다. 제물에 붓는 포도주는 즉시 없어진다. 바울은 빌립보 교인들을 위해서라면 어떤 희생이라도 기쁘게 치르겠다는 말을 하고 있는 것이다. 한국 교회

지도자들이 다 바울과 같은 희생 정신을 가지고 사역한다면 얼마나 좋을까? 당신의 생각은 어떠한가? (참고: 로마서 12:1, 2)

 삶의 열매를 거두며

바울은 17, 18절에서 자신의 기쁨에 빌립보 교인들이 함께하기를 권유하고 있다. 진정한 기쁨은 어디에서 오는 것일까? 어떤 기쁨이 교회 안에서 우리 모두를 하나로 묶어 주는가? 지도자가 모범을 보이고 희생하는 일에 자신을 아끼지 않을 때, 그리고 평신도는 배우는 대로 순종하여 빛의 삶을 살고, 선교에 힘쓸 때 비로소 교회는 세상이 맛보지 못하는 기쁨을 체험하게 되는 것이 아닐까? 우리 모두에게 이런 기쁨이 있는지 돌아보자. 우리 교회 안에 이런 기쁨의 강물이 흐르고 있는지 살펴보자.

Chapter _ **09**

디모데와 에바브로디도

빌립보서 2:19~30

"내가 디모데를 속히 너희에게 보내기를 주 안에서 바람은 너희 사정을 앎으로 안위를 받으려 함이니 이는 뜻을 같이 하여 너희 사정을 진실히 생각할 자가 이 밖에 내게 없음이라 저희가 다 자기 일을 구하고 그리스도 예수의 일을 구하지 아니하되 디모데의 연단을 너희가 아나니 자식이 아비에게 함같이 나와 함께 복음을 위하여 수고하였느니라 그러므로 내가 내 일이 어떻게 될 것을 보아서 곧 이 사람을 보내기를 바라고 나도 속히 가기를 주 안에서 확신하노라 그러나 에바브로디도를 너희에게 보내는 것이 필요한 줄로 생각하노니 그는 나의 형제요 함께 수고하고 함께 군사된 자요 너희 사자로 나의 쓸 것을 돕는 자라 그가 너희 무리를 간절히 사모하고 자기 병든 것을 너희가 들은 줄을 알고 심히 근심한지라 저가 병들어 죽게 되었으나 하나님이 저를 긍휼히 여기셨고 저뿐 아니라 또 나를 긍휼히 여기사 내 근심 위에 근심을 면하게 하셨느니라 그러므로 내가 더욱 급히 저를 보낸 것은 너희로 저를 다시 보고 기뻐하게 하며 내 근심도 덜려 함이니 이러므로 너희가 주 안에서 모든 기쁨으로 저를 영접하고 또 이와 같은 자들을 존귀히 여기라 저가 그리스도의 일을 위하여 죽기에 이르러도 자기 목숨을 돌아보지 아니한 것은 나를 섬기는 너희의 일에 부족함을 채우려 함이니라"

마음의 문을 열며

    한 사람의 위대함을 보려면 그 사람의 영향을 받은 제자들이 주변에 얼마나 있는가를 보면 알 수 있다는 말이 있다. 이런 점에서 바울처럼 탁월하고 위대한 인물은 찾기 어려울 것이다. 그의 주변에는 그를 만나 새로운 인생을 살게 된 사람들이 수를 헤아리기 어려울 정도로 많았기 때문이다. 디모데나 에바브로디도 역시 그런 사람들 가운데 하나였다. 오늘은 이 두 사람에 대해 공부하면서 은혜를 기다리도록 하자.

말씀의 씨를 뿌리며

1 바울이 빌립보교회에 보내려고 한 사람은 누구이며 그 목적이 어디에 있었는가?

· 19절/
....

....

2 특별히 디모데를 지명하게 된 배경이 무엇이라고 설명하고 있는가?

· 20절/
....

....

3 바울은 자기가 써서 보낸 여러 서신에서 24번이나 디모데의 이름을 언급하고 있고 그를 아들이라 부르기를 주저하지 않고 있다. 이처럼 디모데가 신뢰를 받을 수 있었던 것은 바울이 복음을 위하여 온갖 고난을 당할 때 그의 곁을 떠나지 않고 함께 십자가를 지면서 자신의 믿음과 인격과 충성심이 어떠한지를 철저하게 검증 받을 수 있었기 때문이다. 이 사실을 22절에서 어떻게 이야기 하고 있는가?(참고: 사도행전 15:36~38; 히브리서 13:23)

....

....

....

4 사람은 겪어보아야 알 수 있다는 말이 있다. 평안할 때와 곤고할 때, 성공할 때와 실패할 때를 함께 겪으면서 자연스럽게 마음이 가고 믿음이 가는 사람을 신뢰해야 한다. 그래야 뒤탈을 최소화 시

킬 수 있다. 바울은 믿음이 특별하다는 이유로 사람을 무조건 신뢰하지 아니하였던 것 같다. 그의 주변에 모여든 사람 가운데 믿음이 좋지 않은 자가 몇이나 되었겠는가? 그리고 남달리 뜨거운 가슴을 가진 자라고 해서 그에게 중요한 일을 맡긴 것도 아니었다. 그는 상당한 기간을 통해 연단을 받으며 검증된 사람만을 자기 곁에 두고 중책을 맡기려고 했다. 주의 일을 성공적으로 수행하기 위해서는 이런 지혜가 필요했던 것이다. 고린도전서 13장 7절을 보라. 사랑은 모든 것을 믿어야 한다고 한다. 그렇다면 무조건 믿어 주는 사랑과 신중하게 분별하고 믿어 주는 지혜가 어떻게 다르다고 생각하는가?

_5_ 바울은 처음에는 디모데만 보내려고 한 것 같다. 그러나 생각을 바꾸어 에바브로디도를 함께 동행 하도록 했다. 그는 바울에게 얼마나 큰 비중을 가진 인물이었는가?

• 25절/

_6_ 에바브로디도는 빌립보 교인들이 자신들을 대신하여 감옥에 갇힌 바울을 섬기도록 하기 위해 생활비 얼마를 들려서 로마로 보낸 인물이었다. 그는 도착하는 날부터 그 열악한 환경에서 지성껏 바울을 섬기다가 큰 위기를 만나게 되었다. 그것이 무엇인가?

• 27절/

7 갑자기 병으로 쓰러지는 사람들을 보면 나름대로 이유가 있기 마련이다. 에바브로디도 역시 그러했다. 30절을 보고 이유를 말하라.

....

....

....

8 우리는 주님의 일을 위해서 에바브로디도처럼 건강을 놓아보지 않고, 살기 아니면 죽기라는 식으로 충성하는 사람들을 가끔 만난다. 그들은 주님보다 건강을 앞세우는 것은 죽도록 충성하는 태도가 아니라고 생각한다. 미국 인디언에게 복음을 전하려고 자기 몸을 혹사하다 20대의 젊은 나이로 요절한 브레이너드 선교사, 미국 초창기의 대각성 부흥 운동의 주역 가운데 하나로서 자신의 몸이 망가지고 있다는 것을 알면서도 쉬기를 거부하다 50대에 세상을 떠난 휘트니 목사, 한국 초창기 십자가의 사랑을 외치며 전국을 다니다 30대의 나이로 생을 마감한 이용도 목사 등이 이런 부류에 해당한다고 할 수 있다. 한편 교회 안에서 많은 사람들은 이런 태도를 너무 지나친 광신으로 생각한다. 왜냐하면 하나님이 우리에게 주신 건강을 잘 관리하는 것 역시 주님이 기뻐하시는 청지기의 사명이라고 보기 때문이다. 당신은 어느 견해에 동조하는가? 그 이유는 무엇인가?(참고: 마태복음 10:39; 누가복음 14:26)

....

....

....

9 에바브로디도는 하나님의 특별한 긍휼을 입어 죽을병에서 일어나게 되었다. 그러나 여기서 우리의 관심을 끄는 것은 바울의 고백이다. 그는 병상을 지켜보면서 '근심 위에 근심'을 가지고 고심하였다고 실토하고 있다. 어떻게 보면 바울답지 못한 모습이라고 생각하지 않는가? 주님이 감옥까지 찾아와 복음을 위해 충성하는 자신의 종을 수많은 불신 간수들과 죄수들이 보는 앞에서 초라하게

불러 가시는 일은 절대 없을 것이라는 믿음은 어디로 갔다는 말인가? 뿐만 아니라 바울 자신은 온갖 병을 고치는 남다른 신유의 은사를 행하던 능력의 사자가 아닌가? 그럼에도 근심 위에 근심을 더 얹어 불안해하였다니 이상하지 않은가? 당신은 바울의 이런 인간적인 연약함을 어떻게 생각하는가?

....

....

10 무엇이나 책임을 진다는 것은 큰 짐이 된다. 책임감이 강한 사람일수록 그 짐은 더 무겁게 느껴지기 마련이다. 에바브로디도는 바로 그런 사람이었다. 그는 빌립보 교인들을 대신하여 바울의 수종을 들어야 하는 위치에 있었다. 그래서 어떻게 하든지 수십 명 수백 명의 교인들이 할 수 있는 일을 자기 혼자서라도 잘해서 바울이 흡족해 할 수 있기를 원했다. 그의 이런 심정을 바울은 30절 끝에서 어떤 말로 표현하고 있는가?

....

....

....

삶의 열매를 거두며

우리는 교회에서 디모데와 에바브로디도같은 신뢰할만하고 충성된 동역자가 되기를 사모하고 기도해야 한다. 만일 담임목사에게 이렇게 물어 본다면 어떤 대답을 들을 수 있을까? '목사님에게는 디모데와 에바브로디도가 있나요?

Chapter_ **10**

가장 고상한 지식, 예수 그리스도

빌립보서 3:1~9

"종말로 나의 형제들아 주 안에서 기뻐하라 너희에게 같은 말을 쓰는 것이 내게는 수고로움
이 없고 너희에게는 안전하니라 개들을 삼가고 행악하는 자들을 삼가고 손할례당을 삼가라
하나님의 성령으로 봉사하며 그리스도 예수로 자랑하고 육체를 신뢰하지 아니하는 우리가
곧 할례당이라 그러나 나도 육체를 신뢰할만하니 만일 누구든지 다른이가 육체를 신뢰할 것
이 있는 줄로 생각하면 나는 더욱 그러하리니 내가 팔일만에 할례를 받고 이스라엘의 족속
이요 베냐민의 지파요 히브리인 중의 히브리인이요 율법으로는 바리새인이요 열심으로는
교회를 핍박하고 율법의 의로는 흠이 없는 자로라 그러나 무엇이든지 내게 유익하던 것을
내가 그리스도를 위하여 다 해로 여길뿐더러 또한 모든 것을 해로 여김은 내 주 그리스도
예수를 아는 지식이 가장 고상함을 인함이라 내가 그를 위하여 모든 것을 잃어버리고 배설
물로 여김은 그리스도를 얻고 그 안에서 발견되려 함이니 내가 가진 의는 율법에서 난 것이
아니요 오직 그리스도를 믿음으로 말미암은 것이니 곧 믿음으로 하나님께로서 난 의라"

마음의 문을 열며

    오늘 우리는 바울이 서신서를 통해 한 여러 고백 가운데서 가장 놀라운 내용을 듣게 된다. 예수 그리스도를 아는 지식이 가장 고상하다는 간증이다. "위대한 사도니까 이런 말을 하는 것이지 나 같은 평신도는 어림이 없다"는 식으로 받아 넘기고 잊어 버려도 되는 것인지 깊이 반성하는 시간이 되었으면 한다. 바울이 알고, 믿고, 충성하던 예수를 우리 모두가 믿고 사랑하고 있지 않는가? 바울에게 구원 얻을 의가 되신 예수님은 우리에게도 구원을 주시는 하나님의 의가 되지 않겠는가? 그렇다면 그의 감격 어린 고백은 바로 우리 자신의 고백이요, 찬송이 되어야 하나님께서 기뻐하실 것이다.

말씀의 씨를 뿌리며

1 바울은 주후 48~64년 사이에 자신이 개척한 교회와 지도자들에게 자주 편지를 써 보냈다. 그 중에서 남아 있는 것은 신약에 들어 있는 13개뿐이다. 16년 동안 그가 써 보낸 편지는 훨씬 더 많았을 것이다. 빌립보교회에 보낸 것도 여러 통이 더 있었을 것이다. 그러나 하나님의 숨은 뜻에 따라 지금은 하나 외에는 남아 있는 것이 없다. 1절에서 "너희에게 같은 말을 하는 것이"라는 말을 하고 있는데 이것은 아마 전에 보낸 편지를 통해 했던 교훈을 다시 반복한다는 의미일 것이다. 그 내용이 무엇인가?

• 1절/ ....

....

....

2 빌립보 교인들은 바울이 겪고 있었던 똑같은 핍박, 가난, 천대, 죽음의 위협을 당하고 있었다. 그럼에도 바울은 그들을 향해 거듭해서 '기뻐하라'고 명령하고 있다. 이것은 빌립보 교인들에게 대단한 도전이 되었을 것이다. 우리가 비슷한 상황에 놓여 있다면 이런 명령을 받아들일 수 있을까?

....

....

....

3 2절로 들어가면서 기뻐하라고 하던 바울의 태도가 갑자기 얼음처럼 차가워지면서 깜짝 놀랄 말들이 그의 입에서 나온다. 그것이 무엇인가?

....

....

....

4 빌립보교회 안에는 유대파 기독교 신자들이 은밀히 활동하고 있었던 모양이다. 그들은 구원을 얻기 위해서는 믿음도 중요하지만 동시에 몸의 어떤 부위에 특별한 상처를 남기는 의식을 치르는 할례를 받아야 한다고 가르쳤다. 이런 이유로 그들을 손할례당이라 불렀다. 이런 가르침은 복음의 본질을 변질시키고 구원을 얻지 못하게 만드는 무서운 이단이었다. 이런 이단에 대해서 바울은 항상 단호하였다. 인정사정없이 그들을 대적했다. 왜 이런 태도가 옳다고 생각하는가?(참고: 마태복음 23:33; 요한복음 2 1:10, 11절)

....

....

....

5 할례의 참된 의미는 육체에 어떤 표를 남겨서 그것을 자랑하는 데 있지 않았다. 왜 그런가?

• 3절/..

....

....

• 신명기 30:6/..

....

6 만일 구원을 받을 수 있는 조건이 육체나 혈통이나 행위에 있다면 바울만큼 자랑할 것이 많은 사람을 찾기가 어려울 것이다. 그래서 바울은 무엇이라고 하는가?

• 4~6절/..

....

....

7 교회에 출석하는 사람들 가운데 예수보다 자신의 인간적인 무엇을 은근히 내세우고 자랑하려는 사람들이 없지 않다. 이런 사람들을 보면 대부분 복음에 대해 깊이 깨닫지 못하고 있는 것을 알 수 있다. 행여나 당신이 그런 사람이 아닌지 돌아보자.

8 예수를 알게 된 순간부터 바울의 내면에는 대청소 작업이 시작되었다. 빛이 비치면 어둠이 물러가듯이, 진리가 나타나면 거짓된 것들이 힘을 잃듯이 예수님이 그의 마음을 열고 들어오시자 그때까지 그렇게 소중하고 자랑스럽게 보였던 모든 것들이 다 하찮은 것들로 바뀌었다. 바울은 이런 놀라운 변화를 어떻게 고백하고 있는가?

• 7, 8절/

9 바울이 자랑하던 '자신의 의' 다시 말하면 율법을 완전하게 행하여 그 공로로 얻을 수 있다고 믿었던 그 의는 예수를 믿음으로 얻을 수 있는 '하나님의 의'에 비하면 '해로운 것'이요 '배설물'이나 다름이 없었다. 왜냐하면 그런 의는 자기를 구원하기보다 멸망케 하는 것임을 알았기 때문이다. 이 사실을 9절에서 어떻게 이야기하고 있는가?

10 우리는 믿음으로 의롭다 함을 받게 하신 예수 그리스도를 아는 것보다 더 고상하고 소중한 지식이 없다고 인정한다. 그러나 예수를 발견하면서 나타날 수 있는 놀라운 파급 효과에 대해서는 바

울처럼 확실하게 말하지 못할 때가 많다. 정말 예수를 아는 지식에 비하면 세상이 자랑하는 모든 것들이 배설물처럼 보이는가? 정말 예수를 아는 지식에 상반되는 것은 무엇이나 해로운 것으로 보이는가? 당신에게 이런 파급 효과, 즉 가치관의 혁명이 일어나고 있는지 말해 보자.

....

....

....

 삶의 열매를 거두며

1세기 전 부호의 아들로 태어난 인물이었지만 대학생 때 예수를 발견하면서 모든 재산을 다 포기하고 선교사의 길을 걸었던 WEC 선교회 창시자 C.T. 스터드의 다음과 같은 고백을 읽고 느끼는 점들을 나누어 보자. "예수 그리스도가 나의 하나님이며 나를 위해 죽으셨다면 그분을 위한 나의 어떠한 희생도 결코 크다고 할 수 없다."

Chapter 11

그리스도를 더 알고자 하는 갈망

빌립보서 3:10~16

"내가 그리스도와 그 부활의 권능과 그 고난에 참예함을 알려하여 그의 죽으심을 본받아 어찌하든지 죽은 자 가운데서 부활에 이르려 하노니 내가 이미 얻었다 함도 아니요 온전히 이루었다 함도 아니라 오직 내가 그리스도 예수께 잡힌바 된 그것을 잡으려고 좇아가노라 형제들아 나는 아직 내가 잡은 줄로 여기지 아니하고 오직 한 일 즉 뒤에 있는 것은 잊어 버리고 앞에 있는 것을 잡으려고 푯대를 향하여 그리스도 예수 안에서 하나님이 위에서 부르신 부름의 상을 위하여 좇아가노라 그러므로 누구든지 우리 온전히 이룬 자들은 이렇게 생각할찌니 만일 무슨 일에 너희가 달리 생각하면 하나님이 이것도 너희에게 나타내시리라 오직 우리가 어디까지 이르렀든지 그대로 행할 것이라"

마음의 문을 열며

　인류 역사상 바울처럼 예수 그리스도와 그의 복음에 대해 깊은 깨달음을 얻은 사람은 없었다. 만일 그가 쓴 서신서들이 없었다면 우리는 예수 그리스도의 죽음과 부활이 가져다 준 황홀한 은혜를 거의 놓치고 말았을 것이다. 바울만큼 예수님을 아는 사람도 없었고 바울만큼 복음을 위해 헌신한 사람도 없었다. 이런 의미에서 바울은 모든 점에서 온전한 사람이라 할 수 있다. 그러나 그의 말을 들어보면 그는 아직도 예수를 다 알지 못하는 사람으로, 복음을 증거하기 위해 필요한 값을 다 치르지 못한 사람으로 고백한다. 이 놀라운 겸손 앞에서 우리 모두는 고개가 숙여 진다.

1 7~9절의 말씀에서 바울은 자신이 예수 그리스도를 알게 된 것이 인생 최대의 발견이요, 최고의 만족이라는 고백을 한다. 그에게는 그리스도와 비교 될 만한 것은 아무것도 없었다. 이 사실을 염두에 두고 10, 11절을 찬찬히 읽어 보라. 그러면 너무 좋은 예수 그리스도인지라 예수님을 더 알고 싶은 갈증을 참지 못하는 바울의 뜨거운 가슴을 느낄 수 있을 것이다. 무엇을 가지고 그렇게 말할 수 있다고 생각하는가?

....

....

....

2 예수님을 깊이 안다는 것은 '그에 대한 지식'을 습득하는 것만을 의미하는 것은 아니다. 물론 지식도 필요하지만 그것보다 더 중요한 것은 '그를 아는 것'이다. 서로를 가장 소중한 존재로 인정하고 사랑에 빠진 연인 사이에는 상대방의 이름과 취미와 집안을 아는 지식만으로는 절대 만족하지 못한다. 더 나아가 서로를 더 깊이 알고 싶어 한다. 이것은 인격적으로 서로를 깊이 경험하고 싶어 하는 경지를 의미한다. 이런 의미에서 바울은 예수님의 무엇을 경험하고 싶어 했는가?

• 10, 11절/

....

....

3 예수님께서 부활하신 그 능력이 얼마나 대단한 것인가를 경험하기 위해서는 반드시 그의 십자가의 죽음을 경험하지 않으면 안 된다. 그래서 바울은 "어떻게 해서든지 죽은 자 가운데서"라는 말을 하고 있다. 정말 바울은 그런 죽음을 경험 했을까? 다음 구절을 읽어 보라.

• 고린도후서 1:8~10/

4 우리도 바울처럼 주님의 죽음과 부활을 체험할 수는 없을까? 예수를 믿기 위해 혹독한 핍박을 받고 있을 때 마치 부활의 능력이 하늘로부터 임하는 것 같은 체험을 한 일이 있는가? 아니면 이제는 죽었구나 하는 절망 속에 있을 때 정말 기적같이 일으켜 주시는 기막힌 은혜를 체험한 일이 있는가? 이런 체험을 통해 알게 되는 예수님은 머리로 아는 주님하고 다르다는 것을 고백할 수 있을 것이다. (참고: 갈라디아서 2:20)

5 12~14절을 보라. 놀라운 사실이 있다. 바울은 자신이 추호도 예수님을 다 안다거나 완전하게 알고 있다는 생각을 하지 않고 있다는 것을 알 수 있다. 바울은 자신을 어떤 사람에 비유하고 있는가? (참고: 고린도전서 9:24)

6 본문 가운데 어려운 내용이 하나 있다. 12절의 "예수께 잡힌바 된 그것"과 13절의 "앞에 있는 것 즉 푯대"는 무엇을 가리키는 말씀인가 하는 것이다. "예수께 잡힌바 된 그것"이라는 말씀을 좀 쉽게 풀어 쓰면 '예수님이 나를 처음 사로잡았을 때 보여 주신 것'이라고 할 수 있다. 다시 말하면 다메섹 도상에서 갑자기 부활의 주님이 나타나서 바울을 부르시고 알려 주신 것을 가리킨다. 그렇다면 '잡힌바 된 그것'과 '푯대'는 같은 의미로 보아야 할 것이다. 사도행전

22장 14, 15절을 보면 예수님이 길에서 바울을 만나신 두 가지 목적을 알 수 있다. 그것은 무엇인가?

7 예수님이 바울을 부르신 목적이나 우리를 구원해 주신 목적은 크게 다르지 않다고 할 수 있다. 이 목적을 이루기 위해서는 평생을 달음질 하듯이 달려야 한다. 왜냐하면 그것은 이 세상에서 완성될 수 없는 일이기 때문이다. 왜 그런가?

• 요한1서 3:2/

• 마태복음 24:14/

8 신앙 생활의 달음질을 성공적으로 잘 하려면 반드시 지켜야 할 몇 가지 규칙이 있다. 그것은 무엇인가?

• 13, 14/

9 이 규칙들 가운데 당신이 잘 실천하지 못하는 것은 무엇인지 말하라. 그리고 왜 자주 실패하는지 이유를 말하라.

 삶의 열매를 거두며

15, 16절의 말씀은 빌립보교회 안에 있는 교만한 자들을 겨냥하여 주시는 충고이다. "온전히 이룬 자들"은 자신의 영적인 상태가 상당한 수준에 이른 줄로 착각하고 있는 자들을 가리킨다. 그들은 자신이 누구보다 성경을 잘 알고 있어서 그리스도에 대해 더 배울 필요가 없다고 생각한다. 복음과 교회를 위해서도 자신은 많은 헌신을 했다고 자부한다. 바울은 이런 사람들을 향해 자기와 같이 "아직 잡은 줄로 여기지 못한" 것처럼 생각하고 앞을 향해 달리라고 권면한다. 그리고 만일 자신의 말에 동의하지 못하는 사람들이 있다면 주님께서 직접 깨닫게 해 주실 것이라고 한다. 당신은 이런 충고가 필요한 사람이 아닌지 반성해 보자.

Chapter_ **12**

눈물의 경고
빌립보서 3:17~21

"형제들아 너희는 함께 나를 본받으라 또 우리로 본을 삼은 것 같이 그대로 행하는 자들을
보이라 내가 여러 번 너희에게 말하였거니와 이제도 눈물을 흘리며 말하노니 여러 사람들이
그리스도 십자가의 원수로 행하느니라 저희의 마침은 멸망이요 저희의 신은 배요 그 영광은
저희의 부끄러움에 있고 땅의 일을 생각하는 자라 오직 우리의 시민권은 하늘에 있는지라
거기로서 구원하는 자 곧 주 예수 그리스도를 기다리노니 그가 만물을 자기에게 복종케 하
실 수 있는 자의 역사로 우리의 낮은 몸을 자기 영광의 몸의 형체와 같이 변케 하시리라"

마음의 문을 열며

　바울은 지금 감옥에 앉아 편지를 쓰면서 눈물을 흘리고 있다. 아마 곁에서 자신을 감시하고 있던 간수의 생각에는 가족들이나 교우들이 그리워 우는 줄 알았을 것이다. 그러나 바울은 그렇게 정에 약한 사람이 아니었다. 그는 빌립보교회 안에서 함께 신앙 생활을 하고 있지만 그 종말이 비극으로 끝날 여러 명의 사람들을 염두에 두고 있었다. 그들을 생각하면 불쌍했다. 너무 불쌍하니까 눈물이 흘러 내렸던 것이다. 우리 가운데는 이런 불행한 사람이 없을까? 이 시간 본문을 공부하면서 나는 절대로 그런 사람이 아니라는 확신을 갖기를 바란다.

말씀의 씨를 뿌리며

1 바울은 빌립보 교인들을 향해 두 가지를 권면하고 있다. 그것이 무엇인가? "그대로 행하는 자들을 보이라"고 하는 내용은 '그와 같이 행하는 자들을 눈 여겨 보라'는 의미이다.

- 17절/

2 누구든지 예수를 믿으면 교회라는 거룩한 공동체에 소속이 되어 평생 신앙 생활을 해야 한다. 이럴 때 내가 어떤 사람들의 영향을 많이 받느냐 하는 것이 신앙 생활의 성패를 좌우할 수 있다. 좋은 지도자와 좋은 믿음의 형제들을 가까이 하고 본받기를 힘쓴다면 자연히 신앙 생활의 질은 높아지게 마련이다. 당신이 본받기를 원하는 지도자가 있는가? 그리고 당신이 '나도 저렇게 살았으면 좋겠다'라고 생각되는 형제들이 주변에 있으면 말해 보라.

3 바울은 당당하게 자신을 본받으라고 말한다. 아무리 훌륭한 지도자라고 해도 이런 말을 하기는 결코 쉬운 일이 아니다. 무엇을 근거해서 이런 교훈을 하는 것일까?

- 고린도전서 4:15, 16/

- 고린도전서 11:1/

4 우리가 바울을 본받아야 한다면 당신은 어떤 점을 특별히 닮고 싶은가? 지금까지 우리가 공부한 1장부터 3장까지의 내용 가운데서 예를 한두 가지 들어 보라.

5 바울은 어떤 사람들을 생각하면서 눈물을 흘리고 있는가?

- 18절/

6 십자가의 원수 된 사람의 네 가지 특징이 무엇인가? 이 네 가지를 좀더 명확하게 이해하기 위해서는 거꾸로 나열해 보는 것도 도움이 될 것이다.

- 19절/

7 누구든지 교회 안에서 십자가의 원수처럼 살면 그에게서 이 네 가지의 특징들을 다 볼 수 있다. 이 네 가지는 뿌리와 줄기처럼 따로 떼어 놓고 생각할 수 없기 때문이다. 당신은 여기에 동의하는가? (참고: 마태복음 7:15~21)

8 "그 영광은 그들의 부끄러움에 있고 땅의 일을 생각하는 자라." 이 말씀을 보면 십자가의 원수가 된 사람들이 주로 생각하고 자랑하는 것들이 어떤 것인지 대강 짐작을 할 수 있다. 그들은 교회를 드나들지만 중생을 받지 못한 가라지와 같은 사람들이다. 그런 사람들은 만나서 조금만 교제를 나누면 금방 알아차릴 수 있다. 문제는 오늘의 교회 안에 이런 사람들이 생각보다 많다는 것이다. 그럼에도 바울처럼 그들을 위해 눈물을 흘리는 교회 지도자들이 많지 않다. 심지어 사랑하는 가족 가운데 이런 사람이 있어도 우리는 울지 않는다. 이래도 되는 것일까?

....

....

....

....

9 예수를 바로 믿는 자들은 절대로 십자가의 원수가 될 수 없다. 그 이유가 어디에 있는가? (참고: 골로새서 3:1~4)

· 20, 21절/..

....

....

....

 삶의 열매를 거두며

예수님을 '주님'이라고 고백하는 자가 어떻게 자기 자신을 하나님처럼 위할 수 있겠는가? 어떻게 하나님 나라를 대망하고 썩지 아니할 영광스러운 새 몸을 입게 될 날을 사모하는 자가 아침에 피었다가 저녁에 지는 들꽃 같은 하찮은 세상 것들을 밤낮 없이 생각하며

자랑할 수 있겠는가? 사람은 하나님 나라와 세상, 내세의 것과 땅의 것, 육의 생각과 영의 생각 모두를 소유하고 즐길 수 없다. 어느 한 가지는 버려야 한다. 그래야 다른 것이 나의 진정한 소유가 되는 것이다. 이 견해에 동의하는가? 그렇다면 당신이 십자가의 원수가 아니라는 사실을 증명할 수 있는 가장 확실한 증거가 무엇이라고 생각하는지 말해 보라.

Chapter 13

'주 안에서'의 세 가지 권면

빌립보서 4:1~4

"그러므로 나의 사랑하고 사모하는 형제들, 나의 기쁨이요 면류관인 사랑하는 자들아 이와 같이 주 안에 서라 내가 유오디아를 권하고 순두게를 권하노니 주 안에서 같은 마음을 품 으라 또 참으로 나와 멍에를 같이 한 자 네게 구하노니 복음에 나와 함께 힘쓰던 저 부녀 들을 돕고 또한 글레멘드와 그 외에 나의 동역자들을 도우라 그 이름들이 생명책에 있느니 라 주 안에서 항상 기뻐하라 내가 다시 말하노니 기뻐하라"

마음의 문을 열며

　바울은 편지를 마무리 하면서 약 여덟 가지의 권면을 하고 있다. 그 가운데서
오늘은 세 가지의 권면을 살펴보려고 한다. 그들은 모두 '주 안에서' 라는 단서
를 달고 있어서 우리의 관심을 더 많이 끄는 것이 사실이다. 바울이 가장 즐겨
사용하는 '주 안에서' 라는 말의 의미를 묵상하면 할수록 그 우물에서 우리는
더 풍성한 은혜의 생수를 길어 올릴 수 있다.

말씀의 씨를 뿌리며

1 바울에게 있어서 빌립보교회 교우들은 어떤 존재들이었는가?
- 1절/

2 그렇게 사랑하고 소중히 여기는 자들이라 그들을 향해 "주 안에서 서라"고 권면한다. '서라'는 말은 '굳게 서라'는 의미를 가지고 있다. 어떻게 서는 것이 굳게 서는 것이라고 생각하는가?(참고: 고린도전서 16:13; 에베소서 6:13; 골로새서 4:12; 데살로니가전서 3:8)
- 1절/

3 두 번째로 주 안에서 무엇을 하라고 권면하고 있는가?
- 2절/

4 유오디아와 순두게는 빌립보교회에서 상당한 역할을 했던 여인들로 여겨진다. 그들이 교회를 위해 헌신적으로 충성하는 것은 좋았지만 불행하게도 둘 사이에는 갈등의 골이 깊어지고 있었다. 독자적인 교회 건물이 없던 시절이라 두 여인의 가정에서 교인들이 자주 모이다 보니 서로가 어떤 경쟁 관계가 되어 버린 것 같다. 바울이 이 문제를 매우 심각하게 보고 있었다는 사실을 2장 1~4절을 가지고 다시 한 번 확인하라. 거기서 바울은 갈등과 분열을 치유하기 위해 그리스도의 마음을 품으라고 충고한다. 그리고 여기서는 주 안에서 같은 마음을 가지라고 권면 한다. 그러므로 교회에서 형제

들과 한마음이 되려면 무엇을 하든지 예수님이 중심이 되어야 한다. 모두가 예수님을 기쁘시게 하고 예수님께 절대 순종하려는 마음을 가지면 서로가 불편한 관계를 겪지 않을 것이다. '예수님을 위하여'라는 공통분모를 가지고 있기 때문에 서로 다툴 이유가 없는 것이다. 대부분 교회 안에서 발생하는 불화는 입으로는 '주를 위하여'라고 하면서 내심으로는 '자기를 위하여' 일을 하기 때문이다. 이 점에 대해 당신은 어떻게 생각하는가?

....

....

....

....

5 빌립보 성이 있던 마게도니아 지방에서는 가정이나 사회에서 여성들이 비교적 자유스럽게 목소리를 낼 수 있는 분위기였다. 그래서 빌립보교회에서도 여성들의 영향력이 컸던 것 같다. 무엇보다 그 교회의 개척 멤버가 여성이었다는 사실에 주목할 필요가 있을 것이다. 이처럼 교회에서 여성들의 입김이 세어지는 현상을 어떻게 생각하는가?

....

....

....

....

6 21세기는 여성의 시대라는 말이 자주 회자되고 있다. 그만큼 세계적으로 여성들의 역할이 남성을 능가하고 있는 것이다. 이런 추세에 맞추어 교회에서도 여성에게 목사 안수를 주는 교단이 늘어나고 있다. 여성 장로를 허용하는 일도 일반화 되고 있다. 반면에 보수적인 성향의 교단에서는 이런 변화를 절대로 받아들이지 않고 있다. 그들은 여성이 교회에서 남성과 대등한 역할을 하는 것은 비성경적이라는 이유를 내 세우고 있다. 당신이 소속한 교회에서는 이

문제에 대해 어떤 입장을 취하고 있는가? 그리고 당신은 그런 입장에 동의하고 있는가?

....

....

....

7 3절을 보자. 그 내용이 무엇인가?

....

....

....

8 바울은 사이가 좋지 않은 두 여인을 화해시키기 위해 "나와 같이 멍에를 같이 한 네게"라는 말로 어떤 무명의 사람에게 특별한 부탁을 하고 있다. 그 사람이 누구인지, 남자인지 여자인지 알 수 없다. 그러나 매우 신뢰할 만한 사람임에 틀림이 없다. 바울과 함께 복음을 위해 온갖 고통의 멍에를 메고 충성하는 사람이요 교회에서는 어느 편에도 가담하지 않고 자기 위치를 지키는 사람이었기 때문이다. 그러니까 글레멘드를 위시하여 다른 동역자들까지 그에게 맡기면서 잘 돌보아 달라는 말을 하고 있다. 교회가 어려운 시험에 빠질 때 주님이 나를 불러 교회를 잘 부탁한다는 말씀을 할 정도로 신뢰를 받는 사람이 된다면 얼마나 좋을까? 당신은 그런 인물이 되고 싶지 않은가?

....

....

....

....

9 우리가 '주 안에서' 실천해야 할 일이 또 하나 있다고 한다. 그것은 무엇인가?

- 4절/ _____
  _____
  _____

 삶의 열매를 거두며

우리가 항상 기뻐할 수 있는 능력은 '주 안에' 있을 때 생긴다. 다시 말하면 예수님이 우리 기쁨의 원천이 될 때 가능하다. 이런 이유로 환란과 가난을 겪으면서 신앙을 지켜야 하는 혹독한 상황에 놓여 있던 빌립보교회 성도들에게 바울은 항상 기뻐하라는 권면을 주저하지 않고 할 수 있었다. 이 신비스러운 기쁨, 바울이 감옥에서 날마다 체험하던 그 기쁨, 빌립보교회 성도들이 날마다 맛보며 살았던 그 기쁨을 우리도 회복해야 하겠다. 어떻게 하면 될까? 주 안에 있으면 된다. 요한복음 15장 4, 5절을 찾아서 항상 기뻐할 수 있는 열매의 비결은 주님께 붙어 있는 것, 즉 주 안에 있는 것이라는 사실을 어떻게 설명하고 있는지 살펴보자.

Chapter_ **14**

그리스도인의 관용과 기도와 생각

빌립보서 4:5~9

"너희 관용을 모든 사람에게 알게 하라 주께서 가까우시니라 아무 것도 염려하지 말고 오
직 모든 일에 기도와 간구로, 너희 구할 것을 감사함으로 하나님께 아뢰라 그리하면 모든
지각에 뛰어난 하나님의 평강이 그리스도 예수 안에서 너희 마음과 생각을 지키시리라 종
말로 형제들아 무엇에든지 참되며 무엇에든지 경건하며 무엇에든지 옳으며 무엇에든지 정
결하며 무엇에든지 사랑할만하며 무엇에든지 칭찬할만하며 무슨 덕이 있든지 무슨 기림이
있든지 이것들을 생각하라 너희는 내게 배우고 받고 듣고 본 바를 행하라 그리하면 평강의
하나님이 너희와 함께 계시리라"

마음의 문을 열며

바울은 빌립보교회 교우들에게 몇 가지 유익한 권면을 더하고 있다. 인간적으로 보면 그들이 처한 어려운 상황에서 그의 권면을 액면 그대로 순종한다는 것은 거의 불가능한 것처럼 보인다. 핍박하는 사람들에게 둘러싸여 있으면서 어떻게 관용을 베풀 수 있는가? 날마다 입에 풀칠 하기에 바쁜 가난 속에서 어떻게 염려하지 않고 살 수 있는가? 수시로 마귀가 복수심 같은 악한 생각을 가지고 유혹할 때 어떻게 선한 일에만 생각을 몰입할 수 있단 말인가? 그러나 바울은 당당하다. 빌립보교회 교우들보다 훨씬 열악한 형편에 놓여 있는 자신도 그렇게 살고 있지 않느냐는 것이다. 힘들면 자신을 본받으라는 것이다. 우리도 바울을 본받으면 불가능을 가능케 하는 초자연적인 삶을 추구할 수 있지 않을까?

말씀의 씨를 뿌리며

1 5절을 보라. 무엇을 하라고 권면하고 있는가?

....

....

....

2 관용이란 말은 본래 다양한 음식을 받아서 잘 소화 시키는 위
장의 생물학적 기능을 가리키는 말이었다. 어떤 음식이든 잘 받아
들이는 위장처럼 여러 가지 면에서 자신과 다른 사람들을 너그럽게
사랑으로 포용하는 태도가 곧 관용이다. 당신에게 이런 관용의 덕
이 얼마나 있다고 보는가?

....

....

....

3 우리가 관용해야 할 이유가 있다면 주님의 재림이 가깝기 때문
이라고 한다. 왜 예수님이 곧 오실 것이라는 소망을 가진 자가 관용
하기 쉬운 것일까? (참고: 야고보서 5:7~9)

....

....

....

4 6, 7절을 암송하라. 우리들 대부분이 매우 사랑하고 애송하는
유명한 말씀이다. 이 본문을 기억할 때마다 제일 먼저 어떤 인상을
받는가?

....

....

....

5 당시 빌립보교회 교우들은 매우 어려운 처지에 놓여 있었다. 그들에게 염려하지 말라고 하는 것은 숨을 쉬지 말라는 것이나 별 다름이 없는 소리로 들렸을 것이다. 그럼에도 하나님은 절대 염려하지 말라고 단호하게 명령 하신다. 다 알고 있는 말씀이지만 마태복음 6장 25~34절을 펴놓고 다시 읽어보라. 그리고 왜 염려하지 말라고 하시는지 몇 가지로 정리해 보라.

....

....

....

6 6, 7절을 다시 보자. 본문을 잘 묵상하면 염려를 극복할 수 있는 기도에는 몇 가지의 특징이 있다는 것을 알 수 있다. 우선 먼저 염려를 극복하는 기도는 선택이라는 것이다. 염려하지 말고 대신 기도하라고 하기 때문이다. 염려와 기도 가운데 어느 것을 하느냐는 전적으로 우리의 선택에 달려 있다. 당신은 염려가 생기면 기도를 선택할 수 있는가?

....

....

....

7 다음은 염려를 극복하는 기도는 집중해야 한다는 것이다. 의미가 거의 동일한 '기도' '간구' '아룀' 이라는 세 가지 말들을 반복적으로 사용하는 것은 기도를 하되 집중해서 하라는 말씀으로 볼 수 있다. 기도를 집중해서 하지 못할 때 어떤 시험을 당할 수 있는지 말해 보자.

....

....

....

8 또 하나 염려를 극복하는 기도는 발견이라고 한다. 감사함으로 아뢰라는 말씀에 주목하자. 염려가 되어 기도를 하고 있는데 성령께서 이전에 미처 보지 못했던 감사거리들을 발견하게 하신다. 그래서 자신도 모르는 사이에 '주시옵소서' 가 '감사합니다' 로 바뀌는 경우가 많다. 당신은 그런 때가 없는가?

....

....

....

9 마지막으로 염려를 극복하는 기도는 체험이라고 한다. 기도를 하다 보면 아직 어떤 응답을 받은 것도 아닌 데 이해할 수 없는 신비한 평강이 찾아오는 것을 체험 할 수 있기 때문이다. 이런 체험을 한 일이 있으면 서로 나누어 보자.

....

....

....

....

 삶의 열매를 거두며

8, 9절을 보라. 내용이 약간 모호한 것처럼 보일 것이다. 그러나 핵심은 분명하다. 무엇이든지 선한 것만 생각하면서 신앙 생활을 하라는 것이다. 그러면 날마다 하나님께 찬양과 영광을 돌리는 자가될 수 있다는 것이다. 그래서 선한 것의 예를 여덟 가지나 나열하고 있다. 한 가지씩 노트에 적으면서 그 의미를 되새겨 보라. 바울은 감옥에 앉아 있으면서 항상 이런 선한 것들만 생각하고 있었다. 그래서 무엇이라고 자신 있게 권면하고 있는가?

Chapter_ 15

자족의 비결

빌립보서 4:10~13

"내가 주 안에서 크게 기뻐함은 너희가 나를 생각하던 것이 이제 다시 싹이 남이니 너희가
또한 이를 위하여 생각은 하였으나 기회가 없었느니라 내가 궁핍하므로 말하는 것이 아니
라 어떠한 형편에든지 내가 자족하기를 배웠노니 내가 비천에 처할 줄도 알고 풍부에 처할
줄도 알아 모든 일에 배부르며 배고픔과 풍부와 궁핍에도 일체의 비결을 배웠노라 내게 능
력 주시는 자 안에서 내가 모든 것을 할 수 있느니라"

마음의 문을 열며

    이 세상에서 누가 가장 행복한 사람일까? 자신의 삶에 대해 자족할 줄 아는 사람일 것이다. 천하를 다 얻었다고 해도 스스로 만족하지 못한다면 그는 불행한 사람임에 틀림없다. 인간적으로 보면 바울은 정말 불행한 사람이라고 할 수 있다. 사람들이 자랑하고 즐기는 것 가운데 한 가지도 가진 것이 없었다. 그런데 오늘 우리가 공부하게 될 본문에서 그는 놀라운 고백을 하고 있다. 그는 절대로 불행한 사람이 아니었다. 오히려 세상에서 가장 행복한 사람이라 할 수 있다. 왜 그럴까? 자족할 줄 아는 비결을 터득하고 있었기 때문이다. 우리는 그렇게 될 수 없을까?

말씀의 씨를 뿌리며

1 바울은 지금 주 안에서 크게 기뻐하고 있다는 말을 하고 있다.
왜 그렇게 기뻐하고 있는 것일까?

• 10절/

2 사람은 오랫동안 안 보면 마음도 멀어진다고 한다. 빌립보교회
교우들은 바울의 얼굴을 보지 못한 지가 꽤 오래 되었다. 바울은 그
들이 자신을 잊고 있는지도 모른다는 생각을 한 것 같다. 그래서 조
금 섭섭한 감정이 없지 않았던 것 같다. 그러던 차에 빌립보교회 교
우들의 정성과 마음이 담긴 헌금이 도착한 것이다. 이것은 그들이
자신을 잊지 않고 있을 뿐 아니라 전과 다름없이 자기를 사랑하고
있다는 증거라고 확신하였다. 그래서 그는 기쁨을 가눌 수 없었던
것이다. 당신은 한 때 영적으로 많은 은혜를 입었던 지도자나 믿음
의 형제들을, 멀리 떨어져 산다는 이유로 잊어버리고 있지는 않는
가? 그렇다면 빌립보교회 성도들처럼 과거의 은혜를 다시 한 번 회
상하면서 함께 기뻐할 수 있는 기회를 만들고 싶지 않은가?

3 바울은 자신이 기뻐하는 이유가 돈을 받았기 때문이 아니라는
점을 강한 어조로 이야기하고 있다. 무엇을 근거로 그런 말을 하고
있는가?

• 11절/

4 자족이란 무엇인가? 12절에 나오는 바울의 설명을 가지고 정리하라.

_____
_____
_____
_____

5 자족은 자연히 생기는 것이 아니라 배워서 아는 것이다. 본문에서 '배운다'는 말을 두 번이나 사용하고 있는데 이것은 주목할 가치가 있다. 여기서 배운다는 말은 경험해서 터득한다는 의미를 지니고 있다. 바울은 온갖 고난을 다 겪으면서 자족할 줄 아는 비결을 터득한 사람이었던 것이다. 당신은 어떠한가? 지나간 인생을 돌아볼 때 자족을 배울 수 있는 과정들이 얼마나 되었다고 생각하는가?

_____
_____
_____

6 자족이 경험을 통해 배워서 터득할 수 있는 삶의 지혜라고 한다면 요즘처럼 풍요를 누리며 자라고 있는 우리 자녀들은 자족을 배우기 어렵다고 생각된다. 이 점에 대한 당신의 생각은 어떤가?

_____
_____
_____

7 요즈음 우리 주변에는 자족을 배우지 못해 스스로 불행을 자초하는 부부들이 적지 않다. 그들은 배우지 못했으니 무엇이 자족인지조차 모르고 있다. 그 결과 자신이 남보다 뒤진다거나 남처럼 잘

살지 못하게 될 때 그 현실을 담담하게 수용하지 못한다. 이럴 때 그들이 보이는 반응은 주로 어떤 것인지 말해 보라.

8 당신은 자족할 줄 아는 사람인가? 예수 믿고 자족의 은혜를 배웠다고 생각하는가? 자족을 배운 사람이라는 증거를 들어 보라.

9 13절을 가지고 바울이 "일체의 비결"이라고 한 것이 무엇인지를 말하라. (참고: 고린도후서 12:9, 10; 골로새서 1:11, 12)

 삶의 열매를 거두며

우리가 어떤 형편에서든지 자족할 수 있으려면 성령의 능력을 아낌없이 부어 주시는 예수 그리스도 안에 머물러야 한다. 그 분 안에 머물면 때를 따라 돕는 자족의 은혜를 맛볼 수 있다. 어떻게 하면 주 안에 머물면서 자족할 수 있는 능력을 받을 수 있을까? (참고: 시편 118:5; 119:147, 148)

Chapter 16

향기로운 제물
빌립보서 4:14~23

"그러나 너희가 내 괴로움에 함께 참예하였으니 잘하였도다 빌립보 사람들아 너희도 알거니와 복음의 시초에 내가 마게도냐를 떠날 때에 주고 받는 내 일에 참예한 교회가 너희 외에 아무도 없었느니라 데살로니가에 있을 때에도 너희가 한번 두 번 나의 쓸 것을 보내었도다 내가 선물을 구함이 아니요 오직 너희에게 유익하도록 과실이 번성하기를 구함이라 내게는 모든 것이 있고 또 풍부한지라 에바브로디도 편에 너희의 준 것을 받으므로 내가 풍족하니 이는 받으실만한 향기로운 제물이요 하나님을 기쁘시게 한 것이라 나의 하나님이 그리스도 예수 안에서 영광 가운데 그 풍성한대로 너희 모든 쓸 것을 채우시리라 하나님 곧 우리 아버지께 세세 무궁토록 영광을 돌릴찌어다 아멘 그리스도 예수 안에 있는 성도에게 각각 문안하라 나와 함께 있는 형제들이 너희에게 문안하고 모든 성도들이 너희에게 문안하되 특별히 가이사집 사람 중 몇이니라 주 예수 그리스도의 은혜가 너희 심령에 있을찌어다"

마음의 문을 열며

    인류 역사상 바울처럼 예수 그리스도와 그의 복음에 대해 깊은 깨달음을 얻은 사람은 없었다. 만일 그가 쓴 서신서들이 없었다면 우리는 예수 그리스도의 죽음과 부활이 가져다 준 황홀한 은혜를 거의 놓치고 말았을 것이다. 바울만큼 예수님을 아는 사람도 없었고 바울만큼 복음을 위해 헌신한 사람도 없었다. 이런 의미에서 바울은 모든 점에서 온전한 사람이라 할 수 있다. 그러나 그의 말을 들어보면 그는 아직도 예수를 다 알지 못하는 사람으로, 복음을 증거하기 위해 필요한 값을 다 치르지 못한 사람으로 고백한다. 이 놀라운 겸손 앞에서 우리 모두는 고개가 숙여 진다.

말씀의 씨를 뿌리며

1 바울은 빌립보교회 성도들을 특별히 칭찬하고 있다. 그 내용은 무엇인가?

· 14~16절/

2 빌립보교회 성도들은 가난함에도 불구하고 정성껏 헌금을 모아 바울을 도왔다. 바울이 개척한 교회들이 여러 곳 있었지만 그들은 그런 생각을 하지 못하고 있었다. 교회라고 똑같은 것이 아니다. 재물에 대해 후하고 마음이 열려 있는 교회가 있는가 하면 인색하고 닫혀 있는 교회가 있다. 당신이 속해 있는 교회는 어떤 교회라고 생각하는가?

3 14절에서 바울은 헌금을 해 준 성도들을 놓고 "내 괴로움에 함께 참여하였다"는 말을 하고 있다. 무슨 뜻으로 이런 말을 하였을까? (참고: 빌립보서 1:7; 요한계시록 1:9)

4 복음을 전하는 바울을 위해 드린 헌금은 특별한 영적인 의미를 내포하고 있었다. 그것은 단순한 기부금이나 동정이 아니었다. 어떤 의미를 가지고 있는가? (히브리서 13:16)

- 18절/ ....

....

....

5 당신은 우리가 교회에 나가서 드리는 각종 헌금이나 어려운 선교사나 불우한 이웃을 돕기 위해 남몰래 바치는 헌금이 이처럼 하나님이 기뻐하시는 거룩한 제물이라는 사실을 확신하는가? (참고: 로마서 12:1)

....

....

....

6 빌립보교회 성도들처럼 하나님의 나라와 그 의를 우선에 두고 재물을 사용하는 사람에 대해 하나님은 어떻게 보답하신다고 생각 하는가? (참고: 마태복음 6:33)

- 19절/ ....

....

....

....

7 이처럼 좋으신 우리 아버지 하나님을 향해 날마다 어떤 마음가짐으로 살아야 할까? (참고: 갈라디아서 1:4; 로마서 11:36)

- 20절/ ....

....

....

8 21절과 22절을 읽으라. 편지를 마무리 하면서 자신과 함께 안부를 전하기 원하는 사람들을 소개하고 있다. "나와 함께 있는 형제들"은 누구이며 "모든 성도들"은 누구라고 생각하는가? (참고: 골로새서 4:10; 빌레몬서 1:1, 23; 빌립보서 1:13, 14)

....

....

9 22절에서 우리의 주목을 끄는 이름이 하나 나온다. '가이사의 집 사람들'이라는 것이다. 가이사는 당시 로마 황제의 공식 칭호였다. 그러므로 가이사의 집 사람들은 황제 측근의 귀족이거나 정부 기관에서 근무하던 고급 공무원들을 가리키는 말로 볼 수 있다. 바울은 감옥에 매여 있었으나 놀랍게도 복음은 매이지 않고 행정부의 핵심까지 전파되어 그 사람들 가운데 벌써 믿는 사람들이 생겨났던 것이다. 얼마나 경이로운 일인가? 빌립보서 1장 12절을 다시 펴라. 거기서 바울이 말한 내용이 조금도 틀림이 없다는 것을 알 수 있지 않은가?

....

....

 ### 삶의 열매를 거두며

당신은 복음의 능력을 믿는가? 죄수 바울이 로마 황제와 그 거대한 제국을 무너뜨린 그 엄청난 능력을 믿는가? 믿는다면 복음을 열심히 전하자. 오늘의 세계는 과거 로마 제국에 뒤지지 않을 만큼 악한 영들이 지배하고 있다. 오직 복음만이 이 세상을 구할 수 있다. 우리 모두가 이 영광스런 일을 위해 세상으로부터 부름 받았고 동시에 세상으로 보냄 받았다는 사실을 다시 한 번 상기하자.